PUBLICATION DE LA RÉUNION DES OFFICIERS.

GUIDE

DE

L'ACHETEUR DE CHEVAUX

EXAMEN DÉTAILLÉ

DES QUALITÉS ET DÉFECTUOSITÉS DU CHEVAL

SUIVI DE

QUELQUES RÉFLEXIONS SUR L'EMPLOI DU CHEVAL ET LES SOINS QU'IL EXIGE

DESTINÉ AUX OFFICIERS ACHETEURS A TITRE TEMPORAIRE, AUX JEUNES OFFICIERS ET SOUS-OFFICIERS DE CAVALERIE, AUX VOLONTAIRES D'UN AN ET AUX AMATEURS DE CHEVAUX

PAR

A. RIVET

CAPITAINE AU 11e DRAGONS, OFFICIER ACHETEUR AU DÉPÔT DE REMONTE DE CAEN

« On doit juger une dernière fois de l'ensemble du cheval en se plaçant à hauteur et à un mètre de la tête pour l'examiner de biais. »

PARIS
CH. TANERA, ÉDITEUR
LIBRAIRIE POUR L'ART MILITAIRE ET LES SCIENCES
Rue de Savoie, 6

1874

GUIDE

DE

L'ACHETEUR DE CHEVAUX

PUBLICATION DE LA RÉUNION DES OFFICIERS.

GUIDE

DE

L'ACHETEUR DE CHEVAUX

EXAMEN DÉTAILLÉ

DES QUALITÉS ET DÉFECTUOSITÉS DU CHEVAL

SUIVI DE

QUELQUES RÉFLEXIONS SUR L'EMPLOI DU CHEVAL ET LES SOINS QU'IL EXIGE

DESTINÉ AUX OFFICIERS ACHETEURS A TITRE TEMPORAIRE, AUX JEUNES OFFICIERS ET SOUS-OFFICIERS DE CAVALERIE, AUX VOLONTAIRES D'UN AN ET AUX AMATEURS DE CHEVAUX

PAR

A. RIVET

CAPITAINE AU 11e DRAGONS, OFFICIER ACHETEUR AU DÉPÔT DE REMONTE DE CAEN

« On doit juger une dernière fois de l'ensemble du cheval en se plaçant à hauteur et à un mètre de la tête pour l'examiner de biais. »

PARIS

CH. TANERA, ÉDITEUR

LIBRAIRIE POUR L'ART MILITAIRE ET LES SCIENCES

Rue de Savoie, 6

1874

AVANT-PROPOS

—

Bien qu'ayant suivi, comme nos camarades, les excellents cours d'hippologie de Saint-Cyr et de Saumur, à notre arrivée dans les remontes nous étions fort embarrassé pour tourner autour d'un cheval et ne savions par où commencer.

Les auteurs que nous avons consultés alors traitaient succinctement de l'examen du cheval en vente et renvoyaient à leurs leçons dont, disaient-ils avec raison, il n'était que l'application.

Aucun n'indiquait le véritable point d'où l'on doit voir l'attache et la largeur du rein, ainsi que la pointe de l'épaule, choses si essentielles.

Aucun ne recommandait d'*examiner le cheval de biais.*

L'examen méthodique du cheval, tel qu'il se fait généralement dans les remontes et que, grâce aux conseils de chefs et d'amis aussi éclairés que bienveillants, nous avons fini par suivre scrupuleusement, pourrait, pensons-nous, être utile aux jeunes officiers de cavalerie et leur permettrait de gagner beaucoup de temps pour apprendre à juger le cheval.

C'est cet examen que nous venons mettre à leur disposition.

De nombreuses répétitions se trouveront dans le cours de ces pages; elles y sont *avec intention*, parce qu'elles ont lieu dans la *pratique* et que nous tenons avant tout à faire quelque chose de *pratique*.

Nous chercherons à rappeler succinctement les beautés et les défectuosités de chaque région, en la voyant à son tour, ainsi que la plupart des expressions reçues par les hommes du métier.

Nous verrons donc le cheval :

I. A l'écurie.

II. En main de pied ferme.

- § 1er. De profil du côté montoir.
- § 2. De biais du côté montoir, en arrière et en avant.
- § 3. Par derrière.
- § 4. De biais du côté hors montoir, en avant et en arrière.
- § 5. De profil du côté hors montoir.
- § 6. De face.
- § 7. De biais en arrière, à droite et à gauche.

§ 8. Nous résumerons en quelques mots les qualités à rechercher chez le cheval.

§ 9. Nous parlerons des compensations qui peuvent se présenter dans la construction et faire passer sur certains défauts ou réciproquement.

III. En main, à bout de longe, au pas et au trot.

IV. Monté, au pas, au trot et au galop.

V. Nous emprunterons à M. Lemichel ce qu'il a écrit sur les boiteries, ne voyant rien à y changer.

VI. Vices rédhibitoires. — Garantie conventionnelle.

VII. Nous ferons suivre cet examen de quelques réflexions sur l'emploi du cheval et les soins qu'il exige pour le maintenir bon de service.

Nous clorons ces préliminaires par quelques conseils qui sont d'une application constante et obligée pour l'acheteur :

Pendant l'examen du cheval, on doit y concentrer toute son attention et garder un calme inaltérable.

Les discours de l'entourage ne doivent influencer en rien ; il faut même voir de plus près lorsqu'un marchand attire les regards sur certaines tares ou blessures, visibles pour tous et souvent faites à dessein afin de donner une cause apparente à une vieille boiterie. Il n'agit généralement ainsi que pour disposer en sa faveur, distraire et empêcher de découvrir des défauts plus cachés ; il fait admirer les beautés pour que les défectuosités passent inaperçus.

Les ruses des maquignons sont tellement nombreuses que nous nous contenterons d'en énumérer quelques-unes ; la pratique et la connaissance des individus servent à les déjouer, autant que possible.

Disons, en passant, qu'il y a d'honnêtes gens dans toutes les professions, et que les marchands sérieux, ayant une nombreuse clientèle, comme il s'en trouve beaucoup, se respectent trop pour user de moyens frauduleux, sachant bien qu'on ne trompe pas deux fois la même personne. Ils se contentent de faire paraître leurs chevaux le plus possible, et, en cela, ils sont dans leur rôle.

Il est bon néanmoins d'être toujours sur ses gardes.

Il faut se méfier surtout des *soi-disant petits éleveurs*, connus sous le nom de *Jacques*, qui usurpent souvent ce titre pour capter la bienveillance, et, avec une apparente bonhomie, usent de toutes les ruses pour tromper.

Lorsqu'on débute comme acheteur, il faut suivre la marche que nous avons indiquée, en s'attachant simplement aux grandes lignes. Chaque jour apportant son expérience, on groupe petit à petit les détails principaux et, avec de l'*aptitude*, on arrive ainsi assez vite à juger promptement de l'extérieur du cheval dans toutes ses parties comme dans son ensemble.

La première impression est toujours la bonne,

Dès qu'un cheval arrive sur le trottoir, on doit instantanément porter sur lui un jugement *favorable* ou *défavorable*.

Dans ce dernier cas, il ne faut s'en départir que si des raisons sérieuses militent en sa faveur pendant l'examen.

Lorsqu'on est obligé de discuter avec soi, de se faire violence pour acheter un cheval, il faut le refuser, si l'on ne veut pas regretter de l'avoir acheté, ce qui arrive le plus souvent, pour ne pas dire toujours.

On ne doit pas oublier cependant les intérêts qui sont en jeu et refuser un cheval pour s'éviter un jugement difficile et une responsabilité à assumer.

L'esprit de justice le plus grand doit être le seul guide.

Si l'impression première est favorable, dès que l'examen de pied ferme est terminé, le cheval doit être classé dans son arme et sa catégorie. Ce classement est un point de départ pour la fixation du prix d'achat.

Bien qu'on ne doive pas s'écarter des limites réglementaires de taille, il ne faut pas classer le cheval *au centimètre*, mais se baser sur la construction, l'ampleur, la distinction et les allures.

Tel cheval de 1m54 fera un bon cuirassier, s'il est solidement charpenté ; tel autre, de même taille, ne peut faire qu'un dragon ordinaire, s'il est d'une ampleur moyenne; tel autre enfin, de 1m60, n'est bon à rien, s'il est plaqué, long, enlevé, décousu.

On ne doit classer *tête* que le cheval qui en est réellement digne, et ne pas se laisser prendre à des apparences de distinction qui n'ont pas derrière elles un fond de solidité; car il arriverait souvent, en agissant ainsi, qu'on achèterait des chevaux d'officiers ayant moins de qualités sérieuses que les chevaux de troupe.

Il faut s'attacher surtout à faire des différences bien marquées dans les prix, selon la qualité des chevaux, et ne pas se tenir toujours dans les moyennes budgétaires, pour *le très-bon* comme pour *le passable*.

Il est indispensable que l'éleveur ou le marchand sache qu'on peut juger les chevaux qu'il présente et qu'on les paye selon leur valeur réelle, au point de vue de l'armée.

Qu'il nous soit permis, en terminant, de remercier les auteurs chez lesquels nous avons puisé et de leur en témoigner toute notre gratitude.

Nous nous recommandons en même temps à l'indulgence de la critique que nous prions de nous pardonner notre manière d'écrire, en faveur du but que nous nous proposons : *pouvoir être utile à nos jeunes camarades de l'armée désireux de connaître le cheval.*

A. RIVET.

Caen, le 25 septembre 1873.

EXAMEN DU CHEVAL EN VENTE

CHAPITRE PREMIER

CHEVAL VU A L'ÉCURIE

Il faut d'abord, s'il est possible, voir le cheval à l'écurie, lorsqu'il est tranquille, dans la position qui lui est habituelle.

Après un coup d'œil d'ensemble, on cherche à juger de sa taille, en tenant compte de la déclivité du sol, toujours exagérée, surtout chez les marchands, afin de faire valoir l'animal, en lui prêtant une beauté d'avant-main qu'il n'a pas en réalité.

On voit ensuite les membres. Si, au lieu de s'appuyer également sur les quatre membres, l'animal en fléchit un, on l'examinera plus particulièrement pendant la marche, pour s'assurer que cette manière d'être n'est pas due à de la faiblesse.

S'il ne faut pas trop tenir compte de l'air éveillé que peut avoir le cheval par suite des *touchants* avertissements qu'il a pu recevoir, en revanche, il faut douter de son énergie, lorsqu'il a la tête sur la mangeoire ou soutenue par la longe.

On passe ensuite à la poitrine, au flanc et aux yeux, en se rendant bien compte de la largeur de la pupille, qui doit être plus dilatée à l'écurie que dehors.

Après cet examen, on fait sortir le cheval en observant la

façon dont il se tourne, et si l'un de ses membres fléchit en posant à terre, ce qui indique un manque de force.

Au moment où le cheval arrive à la porte, on lui regarde de nouveau les yeux, dont la pupille doit se resserrer sous l'influence de la lumière plus vive, son diamètre constant prouvant une très-grande faiblesse de vue. Lorsqu'il y a doute sur la bonté de l'œil, malgré son intégrité apparente, on fait avec la main le simulacre de frapper le cheval sur le chanfrein; ou bien encore on ouvre brusquement devant l'œil la main fermée, ayant soin de ne pas toucher les cils. Si le cheval ne cherche pas à détourner la tête pour éviter le coup, on peut être certain qu'il n'y voit pas.

Dans les contrées où la *fluxion périodique* est assez fréquente, certains chevaux ont parfois sur la cornée une tache blanche brillante, connue sous le nom de *diamant*, qui annonce le retour prochain d'un accès; des yeux inégaux, larmoyants sont le caractère de cette affection.

Les salières profondes et les tempes grisonnantes sont des signes de vieillesse.

Des blessures aux tempes indiquent parfois que le cheval a eu des accès de vertige.

On met ce moment à profit pour voir rapidement :

Les naseaux, dont les plissements sont l'indice d'un flanc altéré ;

La membrane pituitaire, qui doit être lisse et rosée;

Le bout du nez, dont l'excoriation peut être le résultat d'une chute, ce qui est une probabilité de faiblesse des membres antérieurs. — Les cicatrices circulaires de cette région proviennent de l'usage du tord-nez ou de morailles, moyens coercitifs employés avec les animaux méchants, difficiles à ferrer ou ayant subi des opérations douloureuses.

L'auge, dont la largeur, l'évidement et la sécheresse sont

autant de beautés. On s'assure de l'absence de glandes adhérentes, signe presque certain de morve.

La barbe et les barres, dont les cicatrices annoncent une bouche dure, difficile à conduire.

Enfin on consulte les dents pour connaître l'âge et voir si elles ne sont pas usées ou ébréchées par le *tic d'appui.*

Les chevaux naissant généralement au printemps, en avril ou en mai, certains éleveurs ou marchands, ayant fait sauter les dents de lait, veulent souvent vendre dès le mois d'août des chevaux de trois ans et demi pour quatre ans et des chevaux de quatre ans et demi pour cinq ans; c'est ce qu'on appelle en Normandie *quatre ou cinq ans de Guibray*, la foire de Guibray (faubourg de Falaise, Calvados), ayant lieu en août.

On ne peut s'y tromper :

Pour que le cheval ait quatre ans, il faut que le bord antérieur des pinces soit usé, que le bord antérieur des mitoyennes arrive au niveau de celui des pinces et que *les mitoyennes soient sur l'arc de cercle formé par les pinces.*

Pour que le cheval ait cinq ans, il faut que les pinces soient rasées, que le bord antérieur des mitoyennes soit usé, que le bord antérieur des coins soit au niveau de celui des mitoyennes, et de plus que *les coins soient sur l'arc de cercle formé par les pinces et les mitoyennes.*

Lorsqu'un cheval a complètement *rasé* et qu'il est *contremarqué* ou *bégu*, il faut s'attacher surtout à la direction et à la forme des dents, qui sont d'autant plus inclinées en avant et d'autant plus arrondies ou enfin aplaties par côté, que le cheval est plus vieux.

CHAPITRE II

CHEVAL VU EN MAIN DE PIED FERME

—

Le cheval est alors conduit dehors, où le vendeur a bien soin de le faire placer avantageusement, de manière que l'avant-main soit plus élevée que l'arrière-main.

Il faut tenir largement compte de cette position pour la taille, la prestance du cheval et la direction de la ligne de *dessus*, qui peut ainsi paraître soutenue quoiqu'étant plongée.

Il est préférable de voir le cheval *placé* ou *posé*, c'est-à-dire sur un plan horizontal et sur ses quatre membres.

On se met alors à cinq ou six pas sur le côté, pour juger du profil, qui se dessine beaucoup mieux lorsque le cheval est parallèlement à un mur et que la crinière tombe du côté opposé à celui où l'on se trouve.

§ 1er.

CHEVAL VU DE PROFIL DU CÔTÉ MONTOIR.

Rarement le comité a occasion de voir les chevaux à l'écurie ou au moment de la sortie; aussi le rôle sérieux et actif de l'officier acheteur commence lorsque le cheval lui est présenté à bout de longe, offrant son profil du côté montoir.

Aussitôt que le cheval sera placé, l'acheteur, avec une rapidité qu'une longue habitude peut seule donner, en embrassera l'ensemble et en saisira les harmonies en promenant attentivement son regard de la tête à l'attache de la queue, de l'épaule au bas de la fesse, et de ces deux points dans la direction des membres antérieurs et postérieurs.

Les contours, la longueur et les proportions respectives des différentes régions, tête, encolure, garrot, dos, reins et croupe, épaules, passage des sangles, thorax et abdomen, les aplombs et l'ampleur des membres sont compris dans cet examen de prime saut.

Cette opération instantanée s'appelle embrasser les grandes lignes du cheval, celles qui encadrent et limitent sa silhouette et qui laissent une impression ineffaçable dont l'influence est grande pour juger de sa distinction, de sa race et de son classement.

C'est un effet analogue à celui d'un tableau dont la disposition générale, plus ou moins heureuse, fait préjuger de la beauté ou de la faiblesse des détails.

Nous insistons sur cette vue d'ensemble, dont l'importance est telle qu'après une longue séance, où la fatigue et la contention d'esprit mettent l'acheteur à bout de force, c'est la seule impression qui le guide, et nous nous rendons à la maxime qui dit que le premier aspect, le premier coup d'œil exercent une influence considérable sur l'appréciation du cheval.

Après ce *coup-d'œil d'ensemble*, on passe à l'examen *de détail*, en *commençant par les sabots* (1), sans l'intégrité desquels, nous ne saurions trop le répéter, le plus beau cheval ne vaut rien.

(1) L'intégrité des sabots est tellement importante que, pour être certain qu'on n'oubliera pas de les voir attentivement, nous préférons cette marche à suivre, bien qu'elle paraisse moins naturelle que celle qui, commençant par la tête, passerait ensuite du tronc aux membres. Nous verrons donc les membres, parmi lesquels nous classerons l'épaule, le bras et la hanche — puis la tête et le tronc.

Il faut s'attacher spécialement aux pieds antérieurs, parce que les postérieurs laissent rarement à désirer.

On jugera la bonne conformation du pied, qui ne doit être ni trop grand, ni trop petit.

La paroi sera lisse et sans inégalités, sous forme de cercles ou d'écailles, qui font qu'on le dit *cerclé* ou *en écailles d'huître*.

Elle doit être exempte de *seime*, (fissure longitudinale allant de la couronne vers la sole, occasionnant toujours une boiterie après le travail, surtout sur un terrain dur, pour laquelle il ne faut pas prendre la fissure appelée vulgairement *fil*, qu'on trouve souvent sur les sabots des chevaux sortant de la prairie et qui n'a aucun inconvénient; le fil va de la sole vers la couronne, sans atteindre jamais celle-ci. Certains maquignons bouchent les seimes avec du cambouis ou un corps gras quelconque.)

Cette même paroi ne doit être ni trop verticale, ni trop inclinée, *en bec de canard.*

La hauteur, la largeur et la direction des talons ont une grande influence sur les aplombs et sur la sensibilité générale du pied, qui peut être *en pied de mulet, étroit, fuyant* et sujet *aux bleimes;* altération de la sole occasionnant souvent une boiterie.

On fait lever le pied pour s'assurer :

Qu'il n'est pas *plat* ou *comble;*

Que la sole est en *voûte naturelle;*

Que la fourchette n'est pas *échauffée* ou *pourrie;*

Qu'elle est au niveau du fer autant que possible, *le maréchal ne devant en ôter que ce qui tomberait naturellement;*

Que le talon n'est pas serré, prédisposition à l'*encastelure*, défaut toujours grave;

Que l'épaisseur du fer, plus considérable au centre qu'à la périphérie, ou en talon qu'en pince, ne grandit pas le cheval d'une façon exagérée ;

Que sa disposition particulière ne cache pas quelque imperfection ou ne remédie pas à quelque défaut;

Qu'il n'use pas plus en pince qu'en talon, en dedans qu'en dehors ou réciproquement, c'est-à-dire qu'il use également partout.

On voit ensuite la direction et la largeur du membre;

Si le cheval a des aplombs réguliers;

S'il est *campé* ou *sous lui*;

Si le paturon est long ou court, d'où la dénomination de *long jointé* ou *court jointé*;

Mou ou soutenu, d'où *bas jointé* ou *régulier*;

S'il n'offre pas de boursouflure en avant ou à la couronne (dans ce cas, on a bien soin de toucher pour savoir s'il n'y a qu'un simple épaississement de la peau ou une exostose connue sous le nom de *forme*, tare rendue très-dangereuse par le voisinage de la boîte cornée, peu extensible de sa nature, et la gêne que la moindre saillie osseuse cause aux nombreux ligaments qui se ramifient autour de la région).

On voit :

Si le boulet n'est pas dépilé ;

S'il ne porte pas de trace de vésicatoire ou de feu indiquant, soit une ancienne maladie de poitrine très-grave, soit un effort de la région ;

S'il est large, sec, en olive et net, qualités à rechercher,

Et non petit, gras, rond, engorgé par des *molettes simples* ou *chevillées*, ou *cerclé* (ce qui a lieu lorsqu'une distension anormale des abouts articulaires contourne complétement l'articulation et la soude pour ainsi dire. On s'en assure par le toucher. Le cheval est alors dit *bouleté*, droit *sur ses boulets*, lorsque les rayons osseux sont redressés et déviés en avant, usure provenant d'un travail forcé).

Le proverbe dit avec raison : *Petits boulets, petits pieds, mauvais service.*

La partie postérieure du boulet recouverte de poils abondants et longs, des extrémités lavées, annoncent une constitution plus ou moins lymphatique et une origine commune; tandis que les extrémités *glacées*, peu garnies de poils, formant un *fanon* fin et court, cachant à peine l'*ergot*, sont un indice de race de *sang*.

On appelle *lin aux jambes* les longs poils lavés qui, chez les chevaux mis à la prairie, viennent parfois au pli du genou et le long du canon et disparaissent par le pansage et la bonne nourriture.

On voit :

Si la face interne de la couronne, du boulet ou du genou opposés ne porte pas de trace d'*atteintes* provenant de ce que le cheval *se coupe*, soit par faiblesse, soit parce qu'il est *mal emmanché*;

Si le tendon est gros, bien détaché, sans trace de *nerf-ferrure*;

Et non *failli*, ce qui fait le genou *étranglé* (défectuosité que cherchent à pallier les marchands en laissant dans toute leur longueur les poils sur la partie déprimée, c'est-à-dire au-dessous du pli du genou, et en faisant artistement raccourcir, au contraire, ceux de la partie inférieure de la région. Il est bon, pour juger de l'intégrité des tendons, de les palper en descendant les doigts le long de leur trajet jusqu'au pli du paturon);

Si le canon est court, indice de vitesse;

Large, plat dans son ensemble, cachet de force et de sang;

Et non arrondi, indice d'origine commune et parfois de fatigue;

Exempt de *suros* (bien que ceux-ci n'aient d'inconvénients que lorsqu'ils se trouvent sur le passage d'un tendon; les suros des jeunes chevaux disparaissent souvent avec l'âge et un régime substantiel);

Si le genou est bien conformé, plat antérieurement,

Et non boursouflé, ce qui peut provenir du frottement contre la mangeoire, mais est le plus souvent le témoignage d'une chute ;

S'il n'est pas *creux* ou en avant (le genou creux ou *effacé,* dit encore *genou de mouton,* qu'on rencontre souvent chez les chevaux de la Manche et du Poitou, est moins solide que le genou *en avant,* qui peut faire le cheval *brassicourt* ou *arqué : brassicourt,* lorsqu'au temps d'arrêt, à bout de longe, le membre reste immobile; *arqué,* lorsqu'au temps d'arrêt le membre *flageole,* ce qui dénote toujours une grande fatigue et résulte souvent de talons serrés);

Si l'avant-bras est large, *musculeux,* en forme de pyramide renversée; qualités à rechercher ;

Si le coude, *bien détaché* et non *au corps,* n'est pas affecté d'une sorte de loupe, connue sous le nom d'*éponge,* provenant du frottement de l'éponge du fer chez le cheval qui se *couche en vache;* tare plus désagréable à l'œil que nuisible;

Si le bras est long et incliné d'arrière en avant, se rapprochant de l'horizontale, indice sérieux de vitesse,

Ou court et se rapprochant de la verticale, ce qui dénote peu de mouvement;

Si l'épaule est longue, oblique et bien musclée,

Et non courte, droite et plate;

Enfin si elle ne porte pas de traces d'opérations.

La longeur et l'obliquité de l'épaule rendent les mouvements faciles et allongés; plus l'angle du bras avec l'épaule est fermé, plus l'animal a de vitesse.

On procède pour le membre postérieur comme on vient de le faire pour le membre antérieur, en allant de bas en haut.

On voit :

Si le pied a un aplomb régulier;

S'il est *pinçard* ou *rampin,* ce qui a lieu lorsque l'appui se fait principalement sur la pince qui est presque verticale;

Si la pince n'est pas *tronquée*, pour empêcher le cheval de forger;

Si la couronne, le paturon, le boulet, le canon et la face interne de chacune de ces régions du membre opposé présentent les dispositions favorables ou défectueuses déjà indiquées, se rappelant que chez le cheval au repos et *placé*, les canons postérieurs, comme les antérieurs, doivent être dans *la ligne perpendiculaire* pour remplir les meilleures conditions;

Si le jarret est large, bien évidé, sec,

Et non étroit, étranglé, plein (la largeur du jarret donnant la force de projection, et la présence des tumeurs molles appelées *vessigons*, qui remplissent le vide et les creux du jarret, indiquant la fatigue);

S'il est *droit*, propre au galop rapide,

Ou *coudé*, propre aux allures cadencées; la disposition intermédiaire est la meilleure;

Si la cuisse est large;

Si la rotule et le coude sont sur l'horizontale, condition d'équilibre;

Si le grasset, exempt de toute trace d'ancienne blessure, est en dehors, indice de vitesse au trot,

Ou en dedans, ce qui donne peu de mouvement;

Si la croupe est longue ou courte, horizontale, légèrement oblique, conformation à rechercher, ou *avalée, en pupitre*.

L'examen des membres terminé de ce côté, on passe à celui du tronc, en commençant par la tête, dont l'expression donne une idée du caractère et de l'énergie.

Comme chez tous les êtres animés, l'œil est le miroir de l'âme; il doit être, disent MM. Moll et Guyot, « grand, bien ouvert, à fleur de tête, fier dans le regard, tout en restant doux et intelligent, clair, sans nuage, sans trouble et sans tache quelconque », marquant le point de séparation entre le cerveau et la mâchoire supérieure. Il ne le faut pas trop haut.

L'œil petit, gras, couvert, est dit *œil de cochon.*

L'*œil de bœuf* est gros, sans animation.

Le chanfrein doit être droit,

Et non *busqué, moutonné,* ce qui indique une prédisposition au cornage;

Ou déprimé comme dans la tête *camuse* et de *rhinocéros.*

L'oreille dirigée en avant pendant l'exercice, dite *hardie,* indique de la vigueur.

L'oreille inquiète, très-attentive, est souvent l'indice d'une mauvaise vue, à laquelle l'instinct vient suppléer par l'ouïe; dans ce cas, il faudra se rappeler que le cheval en marche relève beaucoup de façon à ne poser les pieds antérieurs qu'après avoir reconnu le terrain.

L'oreille *piquée brusquement en avant* est un signe de peur.

Le cheval méchant ou chatouilleux *couche l'oreille en arrière.*

L'animal sans énergie a l'*oreille pendante,* de laquelle les maquignons ont dit : « *oreille pendante, pied léger* », proverbe auquel il ne faut pas se fier.

Pour déjouer le maquignonnage, on s'assure que des *oreilles pendantes* ou de *cochon* ne sont pas soutenues par un frontail trop serré, qu'une balle de plomb, contenue par un fil et introduite dans l'oreille, n'est pas un calmant momentané contre la méchanceté.

On voit :

La ganache, qui ne doit pas être trop *chargée;*

L'auge, qu'il faut large et nette;

La trachée, qui peut avoir subi une opération connue sous le nom de *trachéotomie,* et dont il faut comprimer le premier cerceau pour juger, par le bruit que fait l'air en sortant de la poitrine, du degré d'intégrité des poumons;

L'attache de la tête avec l'encolure;

La façon dont celle-ci est *greffée,* c'est-à-dire dont elle sort du poitrail et des épaules.

On préfère l'encolure *rouée*, l'encolure de *cygne* et l'encolure *droite*, à l'encolure *brochée* ou à l'encolure *fausse*, *en flèche*, *renversée*, *de cerf*, souvent attachée bas au poitrail et toujours difficile à diriger;

La longue à la courte ;

La haute à la basse;

Celle qui est bien proportionnée à celle qui est trop *grêle* ou trop *chargée* de muscles, et surtout à l'encolure *penchante* qui est un poids inutile.

Lorsqu'un cheval à l'encolure bien greffée et sortie, on dit qu'il a de *la pointe*, de *la branche*.

La finesse et la direction des crins méritent l'attention.

Le crin *fin* et *droit* est l'indice d'une bonne origine, tandis que le crin rude, gros et crépu se trouve chez les animaux communs.

La *gale* ou *rouvieux* survient parfois à la base des crins, surtout chez les chevaux, sans distinction.

On s'assure de la netteté :

De la nuque, qui peut porter les traces *du mal de taupe*;

De la jugulaire, qui, à la suite d'une saignée, est quelquefois affectée d'un *thrombus*, pouvant oblitérer la veine et occasionner la mort par congestion cérébrale pendant un exercice violent.

La dépression plus ou moins profonde qui existe en avant du garrot, chez certains chevaux, à encolure renversée, principalement, s'appelle *coup de hache*.

On nomme *coup de lance* une dépression profonde, sans lésion de la peau, à l'encolure, à l'épaule ou à la fesse, qui indique généralement des muscles denses, bien maintenus dans les aponévroses.

Il faut toujours préférer les muscles fermes au toucher, de l'animal en chair, à ceux qui sont mous et perdus dans la graisse.

On juge de la hauteur et de la direction du garrot, qui doit être élevé, sec, se prolongeant en arrière,

Et non bas, gras et en avant.

L'animal blessé au garrot est dit *garroté;* l'intégrité de cette région est très-importante, surtout pour la selle.

On revoit l'épaule, qu'il faut rechercher longue, oblique, bien musclée,

Et non courte, droite, plate et creuse sous le garrot, surtout dans le cheval destiné à la selle, afin que celle-ci reste bien à sa place et ne gêne pas les mouvements des membres antérieurs en se portant en avant.

La *hauteur* et la *profondeur de la poitrine* ne sont jamais trop prononcées.

La *hauteur* se mesure du garrot à la région sternale.

Si le passage des sangles est au-dessous du coude, — qualité à rechercher, — la poitrine est *descendue* et le cheval *près de terre, trapu;* lorsqu'en même temps il est fortement charpenté et musclé, aux articulations larges, on le dit *bien roulé, ramassé.*

Si, au contraire, le passage des sangles est au-dessus du coude, le cheval est *enlevé, haut perché, dégingandé, loin de terre, laisse passer trop d'air sous le ventre,* indice de peu de fond. Lorsque, avec cela, le cheval a une conformation assez élégante, mais grêle, il devient une *ficelle* dont *la lame use le fourreau.*

La *profondeur* se mesure d'avant en arrière.

Les traces de vésicatoire ou de sinapisme qui se révèlent souvent par la dépilation ou un poil plus clair au passage des sangles, indiquent que le cheval a été traité pour une maladie grave de poitrine.

On voit la direction et la largeur du dos et du rein qui ne peuvent être trop courts, trop larges, ni trop soutenus, le dos *mou, ensellé, en canapé, en violon ou plongé* étant un signe de faiblesse ou d'usure.

Le dos droit est préférable au dos voussé, dit de *carpe* ou de *mulet,* qui n'a souvent cette disposition, paraissant avantageuse pour porter, que par suite d'une roideur exagérée du rein.

Le proverbe dit : *Court cheval* et *long bœuf,* et le proverbe a raison. Nous savons que le cheval à dos et à rein très-courts peut n'être pas très-souple, mais il est plus fort que tout autre. C'est donc un défaut qui n'est pas à craindre.

Une blessure au rein fait dire que le cheval est *rognonné,* qu'il a le mal de rognon.

Le manque de poils dans cette région indique souvent l'application d'une charge pour guérir *un effort, un tour de reins, un tour de bateau,* affection qui guérit rarement bien.

L'attache du rein avec la croupe ne doit présenter aucune dépression.

La *longueur du rein* se mesure en plaçant le petit doigt sur la pointe de la hanche et le pouce sur la dernière côte asternale.

La *longueur du flanc* en est la conséquence.

On doit se méfier de celui qui est *creux, cordé,* et s'assurer qu'il est régulier, *sans soubresaut* ni *coup de fouet,* caractères de la pousse.

On préfère une côte ronde et bien descendue à celle qui est *plate* et *courte.*

La côte *ronde* qui fait dire que le cheval a du *cerceau,* du *coffre, est bien cerclé,* doit s'entendre surtout de celle qui s'attache presque horizontalement à la colonne vertébrale, au lieu d'être *en toit,* comme on le dit vulgairement, c'est-à-dire de s'insérer obliquement au rachis, et non de celle qui est *cylindrique* dans toute son étendue et fait dire que le cheval est *en tuyau, en fusil.* La poitrine doit donc être elliptique, cette forme permettant la largeur et la hauteur et pouvant loger des poumons volumineux qui sont la source du fond et le foyer de la vie.

L'Arabe dit : *Quand tu achètes un cheval, sangle-le toi-même la première fois.*

Il est des Anglais qui n'agissent jamais autrement, convaincus que non-seulement ils jugent ainsi du développement de la poitrine, mais encore de l'aptitude du cheval au travail qui, pour être utilisé, doit toujours être sanglé.

Certains chevaux, ayant de belles actions en main et nus, voussent le rein, baissent la tête et la queue, croupionnent et ne marchent plus dès qu'ils sont sanglés, même raisonnablement ; il faut s'en méfier.

Les chevaux qui, au contraire, marchent aussi bien sanglés que nus, sont généralement bons.

On appelle *cors* les indurations qui surviennent sur les côtes; ils sont parfois difficiles à guérir.

Le ventre doit suivre la poitrine sans transition brusque et n'être ni *levretté, retroussé*, ni trop volumineux, auquel cas il est dit *ventre de vache*, conformation qui indique généralement un cheval mou, grand mangeur et court d'haleine.

Dans les pays d'élevage, où les fourrages poussent au gros, tels que la vallée d'Auge et le Cotentin, il ne faut cependant pas s'effrayer d'un ventre volumineux, quand la construction de la poitrine est bonne, surtout chez les juments qui viennent de sevrer; le régime et l'exercice le font vite remonter.

Le talent de l'acheteur est de savoir deviner, sous un aspect lourd et souvent peu attrayant, l'animal qui deviendra léger et distingué.

Si l'on aperçoit une petite grosseur à la partie inférieure du ventre, dans la région ombilicale, il faut s'assurer, par le toucher, que ce n'est pas une *hernie* ou une *éventration*, ce qui a lieu lorsque la grosseur disparaît momentanément sous l'appui du doigt pour reparaître ensuite.

Quand la grosseur, molle au toucher, persiste, c'est généralement un *œdème.*

La hanche *saillante, cornue,* n'est pas à craindre; elle est au contraire bien préférable à la hanche *coulée.*

« *Dans mon écurie, j'aime mieux les os que la viande* », disait sciemment M. Lemichel.

Lorsque la charpente osseuse est solidement établie, une bonne nourriture et un travail raisonné la garnissent de muscles puissants.

Des traces de feu presque imperceptibles sur la hanche indiquent un *écart* dont il faut se méfier, parce qu'il occasionne presque toujours une boiterie après la moindre fatigue.

On voit de nouveau la croupe, et l'on préfère, comme nous l'avons déjà dit :

Celle qui est *moyennement oblique* à celle qui est *horizontale* ou trop *avalée;*

La longue à la courte.

La *longueur de la croupe* se mesure de la pointe de la hanche à la pointe de la fesse.

La croupe, comme l'épaule, n'est jamais trop longue; mais elle peut être trop *élevée,* défaut qui charge l'avant-main.

La croupe qui a des éminences osseuses à son sommet est dite *tranchante.* On la trouve généralement chez les chevaux énergiques.

Lorsque les muscles font saillie de chaque côté du *sacrum,* la croupe est dite *double.* On la rencontre chez les chevaux de race commune.

On appelle *croupe en cul de poule* celle qui présente un amas de graisse à la naissance de la queue.

La queue, dont le tronçon volumineux et résistant indique la force, puisqu'il termine la colonne vertébrale, doit être attachée aussi haut que possible; dans ce cas, elle est toujours bien portée, et non *en lapin, plantée comme dans une pomme,* telle qu'elle existe chez certains chevaux hollandais ou allemands à croupe *très-avalée*.

Il est fort rare qu'un cheval qui n'a pas été *niqueté*, c'est-à-dire dont on n'a pas incisé les muscles abaisseurs de la queue, *la porte* naturellement de pied ferme; aussi faut-il s'assurer dans ce cas que le port n'est pas factice et occasionné par du gingembre, du poivre ou du vinaigre, introduit dans l'anus. Il suffit d'appuyer plusieurs fois la main sur le haut de la queue dont le port est naturel s'il subsiste quand même.

Certains marchands coupent quelques nœuds du tronçon de la queue, la veille de la présentation, afin que le cheval la porte mieux. Lorsqu'il y a doute, on doit s'en assurer.

Il faut se méfier des chevaux qui *fouaillent de la queue*, qui *font soleil*, comme on le dit vulgairement; ils sont chatouilleux et disposés à ruer. « *Si vous voyez la queue tournoyer, soyez assuré que la jument est pisseuse* », disait encore M. Lemichel qui, par ses nombreux dictons toujours appropriés et pratiques, faisait retenir ses excellentes leçons. Dans ce cas on dit aussi que la jument est *houineuse*.

Lorsqu'on a vu ainsi, l'une après l'autre, toutes les parties de l'animal de ce côté, on donne un dernier coup d'œil général de profil, pour bien se rendre compte de la *silhouette* et de l'*équilibre*, de l'*harmonie* de l'avant et de l'arrière-main. Si cette harmonie existe, on dit que le cheval a de *l'ensemble*, qu'il est *bien suivi*; si au contraire elle n'existe pas, le cheval est *décousu*.

§ 2.

CHEVAL VU DE BIAIS DU CÔTÉ MONTOIR EN ARRIÈRE.

On se porte en avant, à un pas environ et à hauteur de la tête, d'où l'on voit l'*attache* et la *largeur* du rein.

Lorsque celui-ci est large et bien soutenu, on dit qu'il est *bien attaché.*

Si au contraire les flancs semblent vouloir se toucher et qu'il se présente une légère dépression entre le rein et la croupe, sur laquelle on voit souvent une espèce de V, allant du sommet du sacrum à la pointe des hanches, on dit que le rein est *mal attaché, pèche dans son attache,* que le cheval *pèche dans son rein*, ce qui est l'indice d'une très-grande faiblesse pour tous les services et principalement pour la selle.

Les yeux, passant ensuite par les côtés, le flanc, le grasset, le fourreau ou les mamelles, se portent sur le pli du jarret qui peut être affecté de *vessigon* ou de crevasses nommées *solandres.*

On examine la face interne du jarret du côté où l'on se trouve.

Si la tubérosité de l'extrémité inférieure de l'os de la jambe présente un développement anormal, il y a *courbe,* tare osseuse toujours dangereuse, mais fort rare.

L'*éparvin calleux* ou *osseux,* ayant réellement de la gravité, ne se voit bien que de ce point.

Il se trouve au-dessous de la courbe, à la partie interne et supérieure des os du canon.

Il est surtout dangereux lorsqu'il est *petit, en biseau* et *en avant, près du pli du jarret.*

Il existe lorsque le jarret, au lieu de présenter inférieurement à sa face interne une surface déclive, venant se terminer doucement à l'extrémité supérieure du canon, présente *une saillie, un soubresaut brusque* dans lequel on peut placer le doigt.

On doit alors faire lever le membre antérieur du même côté et toucher le jarret pour s'assurer que la saillie est bien osseuse et non dûe à une varice ou à un gonflement de la veine *saphène* sans gravité.

L'éparvin, placé dans ces conditions et offrant ces caractères, est toujours une tare très-dangereuse qui finit par faire boiter le cheval; il faut surtout s'en méfier lorsqu'il n'existe que d'un seul côté et que les jarrets ne sont pas *identiquement symétriques.*

La tumeur osseuse, qu'on appelle vulgairement *éparvin rond en arrière*, est peu à redouter; elle est souvent même une beauté à rechercher : c'est lorsqu'elle est dûe à des abouts articulaires puissants qui indiquent une grande résistance, ce qui a lieu lorsque toute la charpente est solide; dans ce cas encore, les jarrets doivent être *symétriques.*

Si le *creux* du jarret est comblé par un boursouflement mou, cédant au toucher, il y a *vessigon.*

Le vessigon est dit *simple* quand il n'existe que d'un côté; *chevillé,* lorsqu'il se montre à la fois en dedans et en dehors.

On pince légèrement le rein pour juger de sa souplesse, qui est un indice de santé, à moins qu'elle ne soit trop exagérée, ce qui dénote de la faiblesse. L'usure ou la maladie rendent le rein raide.

§ 1 *bis.*

CHEVAL VU DE PROFIL DU CÔTÉ MONTOIR.

On se porte à la hauteur et à quelques pas du jarret, perpendiculairement au cheval, pour voir si l'extrémité du *calcaneum,* la pointe du jarret, n'est pas affectée de capelet, tare molle qui n'est que disgracieuse à l'œil, si elle est due à un boursouflement de la peau, mais qui est grave si elle est le résultat d'un épanchement de synovie.

Dans le premier cas, le plus fréquent, la tumeur, située sur la pointe du jarret seulement, n'offre aucune fluctuation sous les doigts.

Dans le second cas, la tumeur fait saillie sur les côtés et annonce, au toucher, la présence d'un liquide intérieur.

Le capelet simple peut être produit par un coup ou un frottement contre un mur, contre la séparation d'une stalle, mais il indique souvent un cheval qui rue, difficile à atteler, *mettant*, comme on le dit, *les pieds dans le plat*. Il est bon de s'en assurer.

C'est de cette place qu'on découvre *la jarde*, tare osseuse, souvent grave, qui survient à la partie inférieure et postérieure de la face externe du jarret.

Elle existe lorsque la face postérieure du canon, au lieu de présenter une ligne parfaitement droite de la pointe du jarret au boulet, présente une courbe à hauteur de la tête du péroné externe.

Lorsque l'œil a saisi la moindre déviation en cet endroit, il faut faire lever le membre antérieur du même côté et glisser le doigt le long du canon, sur le tendon, pour s'assurer qu'il y a jarde.

Si la tumeur osseuse ne se sent pas sous le tendon et qu'il se trouve entre celui-ci et l'extrémité du péroné une *gouttière* laissant à peine passer le bout du doigt, il y a simplement *jardon* ou *jardonnet*, selon que la saillie est plus ou moins forte; on dit alors que le *jardon est près*. Ces tubérosités peuvent devenir *jarde* si elles *fusent* ou si elles *tournent*, selon l'expression consacrée; ceci est d'autant plus à craindre que le cheval est plus jeune et moins *soudé*.

§ 2 *bis*.

CHEVAL VU DE BIAIS DU CÔTÉ MONTOIR EN AVANT.

Sans changer de position, on jette un coup d'œil sur la pointe de l'épaule, qui doit *déborder en avant*, et non être *arrondie*, *coulée*, conformation flattant souvent un œil peu expérimenté, mais ne donnant jamais de mouvement.

On voit en même temps le coude, la poitrine et le haut de l'épaule sous le garrot.

§ 3.

CHEVAL VU PAR DERRIÈRE.

On passe ensuite derrière le cheval pour juger de l'écartement des hanches, qui est rarement trop considérable et fait alors parfois que le cheval *se berce.*

Lorsque les hanches sont trop rapprochées et peu apparentes, on les dit *coulées;* dans ce cas, elles manquent de force.

Si une hanche est plus basse que l'autre, on dit que le cheval est *déhanché, épointé,* qu'il a *un coup de balai ;* cette disposition est souvent le résultat d'une fracture du coxal ou d'un coup violent au passage d'une porte.

Lorsque les pointes des hanches et les pointes des fesses sont sur deux lignes parallèles et qu'en même temps la croupe est large et longue, on dit que le cheval a *un beau carré de derrière,* qualité à rechercher, parce qu'elle donne force et vitesse.

Lorsqu'on voit le garrot bien en arrière, proéminent au-dessus de la croupe, et l'encolure bien détachée, on dit que le cheval est *fait en montant,* qualité très-appréciée, surtout pour la selle.

Si, au contraire, la croupe *élevée, haute,* cache le dos, le garrot et quelquefois une partie de l'encolure, le cheval est *plongé, bas du devant, mal greffé.*

On voit l'anus, qui doit être exempt de *fistules* et de *tumeurs mélaniques* chez les chevaux gris. « *Cherchez l'anus bien bondé, et méfiez-vous de l'anus béant et venteux* », disent les Arabes.

Chez la jument, la vulve porte parfois des traces de blessures, résultant d'une parturition laborieuse; il faut s'assurer qu'il n'y a pas communication entre l'extrémité de l'intestin et le vagin, dans lequel tombent alors les crottins.

Lorsque celle-ci a les muscles de la croupe *affaissés, déprimés;*

que la queue se détache mieux et que le *ventre bas* déborde à droite et à gauche, on doit présumer qu'elle est pleine; une démarche prudente et pesante confirme cette présomption.

Chez la jument pleine, neuf fois sur dix, les muscles allant du sommet de la croupe à droite et à gauche de la naissance de la queue *tremblent, vacillent, ballottent,* lorsque l'animal marche au pas. C'est un signe presque infaillible.

Dans certains pays d'élevage où, bien à tort, la castration se fait tard, lorsqu'on voit un cheval gras, à l'encolure chargée de muscles, au poil brillant, si l'on n'aperçoit pas autour du fourreau quelques poils assez longs indiquant une castration ancienne, il faut faire lever un des membres postérieurs et s'assurer que la plaie est entièrement guérie, qu'elle ne suinte pas et ne présente pas d'excroissances connues sous le nom de *cerises*, de *champignons*. L'absence de cicatrices doit faire craindre que le cheval n'ait été *bistourné*, ou qu'il ne soit monorchyde ou cryptorchyde, c'est-à-dire qu'il n'ait un des testicules ou les deux cachés, non descendus, ce qui lui donne tous les inconvénients du cheval entier.

Le cheval *castré au lait*, bien préférable au cheval castré tard, a la tête plus légère, l'encolure mieux sortie, plus effilée, la hanche plus saillante ; ses formes se rapprochent de celles de la jument. Dans la mauvaise saison, lorsqu'il n'est pas soigné, son aspect est moins séduisant pour les personnes peu expérimentées ; son poil est terne et long, surtout du nombril au fourreau ; sa valeur réelle et marchande est plus grande, il faut en tenir compte.

On juge de l'ampleur des muscles fessiers, de ceux des cuisses et des mollets.

Lorsque ces muscles sont accusés, on dit que le cheval est *bien gigotté, bien culotté, a de la culotte.*

Si, au contraire, ils sont peu apparents, la cuisse est dite *plate* ou de *grenouille,* ce qui annonce peu de puissance.

Lorsque les interstices musculaires sont bien dessinés aux fesses, on dit que le cheval *a la raie de misère*, ce qui indique des muscles denses chez un animal en bon état.

C'est de là qu'on voit le mieux si la cuisse est *bien descendue* et vient s'adapter à des jarrets larges et bas.

On considère en même temps les deux membres, qui doivent être symétriques.

On juge :

Si les *éparvins en arrière* et les *jardons*, qu'on peut apercevoir alors à la fois, sont égaux ;

Si les gouttières sont bien évidées, toutes choses qui donnent une grande force aux membres au lieu de les tarer et qui font dire que le cheval a les *éparvins* ou les *jardons bien faits.*

Le *jardon bas*, sur le côté, est moins grave que celui qui est plus haut.

On voit :

Si les aplombs sont réguliers ;

Si les jarrets sont *trop ouverts* ou *clos*, *crochus*, *crochards ;*

Et par suite, si le cheval est *cagneux*, c'est-à-dire a les pinces en dedans, ou *panard*, avec les pinces en dehors ;

Si les plis des paturons n'ont pas de *crevasses*, de *prises de longe* ou de *traces de névrotomie ;*

Si les talons sont haut ou bas, larges ou serrés.

Il faut encore jeter un coup d'œil :

Sur les plis des genoux, où peuvent survenir des *crevasses* appelées alors *malandres ;*

Sur les canons, qui sont parfois affectés d'une maladie connue sous le nom d'*eaux aux jambes ;*

Et enfin sur les plis des paturons et les talons antérieurs.

On examine ensuite *comparativement*, surtout à la couronne, les paturons antérieurs et les paturons postérieurs, se gardant bien de prendre pour *formes* les éminences osseuses internes et externes parfois assez développées, mais naturelles, de chacun de ces phalangiens; mais se rendant néanmoins compte de la moindre irrégularité de conformation dans cette région.

§ 4 et 5.

CHEVAL VU DE BIAIS DU CÔTÉ HORS MONTOIR EN AVANT ET EN ARRIÈRE; DE PROFIL DU CÔTÉ HORS MONTOIR.

On passe du côté *hors montoir*, et l'on opère identiquement, comme on l'a déjà fait, en allant toutefois de l'arrière-main à l'avant-main, se plaçant dans une position symétrique, surtout pour la *jarde*, la *pointe de l'épaule*, la *largeur du rein* et l'*éparvin*.

§ 6.

CHEVAL VU DE FACE.

On se porte à quelques pas en avant de la tête du cheval pour voir :

La direction, la longueur et l'écartement des oreilles, qui ne doivent pas se toucher du bas, comme dans la tête dite *de lièvre busquée* et étroite de certains chevaux danois, hollandais et allemands, mais être bien espacées, comme chez le cheval arabe ;

La largeur du front, dont la forme carrée est un signe d'intelligence;

Celle du chanfrein, qui ne doit porter aucune trace de feu;

La dilatation des naseaux, qu'il faut bien ouverts;

La largeur de la poitrine, qui ne doit pas être *plaquée*, étroite;

Celle des genoux et des boulets;

Les aplombs, qu'il faut rechercher *réguliers* autant que possible.

Le genou *en dedans* est dit *genou de bœuf*,

Et *en dehors*, *genou cambré*.

Le *genou de veau* est long et étroit.

M. Richard, du Cantal, dit du genou :

« 1° Qu'il doit être dans la ligne d'aplomb du membre;

« 2° Fort, bien développé et sans tares qui puissent borner son jeu ;

« 3° Exempt de blessures ou de cicatrices, qui sont quelquefois un caractère de faiblesse;

« 4° Et enfin, il doit être près de terre. »

Les tumeurs osseuses du genou sont toujours très-graves, mais rares ; on les nomme *osselets*.

Le genou entouré d'osselets est dit *cerclé*.

La tumeur molle due à un épanchement de synovie se nomme *vessigon*.

Le cheval qui porte à la face antérieure du genou des traces de blessures est dit *couronné*.

Les maquignons de bas étage, qui teignent les balzanes et les crins, mettent des queues postiches, insufflent les salières trop creuses, arrachent les dents des chevaux trop jeunes, contremarquent les vieux, scarifient les éparvins, font saliver les chevaux tiqueurs, etc., etc. ; enduisent, dans ce cas, le genou d'un corps gras, noir, dissimulant la cicatrice, et vont jusqu'à coller dessus un morceau de feutre de la couleur du poil, souvent difficile à découvrir.

On compare encore une fois entre eux les membres antérieurs, puis les postérieurs, principalement les paturons et les pieds, qui peuvent être inégaux.

On se rappelle que les pieds de devant doivent être *plus larges* et plus *ronds* que ceux de derrière.

On se baisse légèrement pour regarder entre les membres de devant, afin de découvrir les mamelles ou le fourreau, ce qui dénote une côte bien descendue, et de comparer les jarrets.

§ 7.

CHEVAL VU DE BIAIS EN ARRIÈRE A DROITE ET A GAUCHE.

Pour résumer cet examen du cheval de pied ferme, nous ne croyons pouvoir mieux faire que de citer les recommandations suivantes :

« Le cheval doit être vu calme; sa conformation doit être jugée de pied ferme; les allures ne doivent que confirmer ou rectifier un jugement *favorable* déjà porté, et ces dernières, même les plus brillantes, peuvent être obtenues par des moyens factices; l'acheteur ne doit pas permettre que le cheval soit mis en mouvement avant de l'avoir bien examiné, *en commençant toujours par les sabots*. Il faut toujours s'assurer si l'équilibre et l'harmonie dans la conformation permettront au cavalier l'aisance et au cheval les moyens nécessaires. Tout cheval dont les aplombs paraissent douteux doit être vu à bout de longe, c'est-à-dire sans qu'il lui soit imposé la moindre contrainte, et lorsque, vu ainsi de face et de profil, l'ensemble de l'animal paraît assez régulier, juger une dernière fois cet ensemble *en se plaçant à hauteur et à un mètre de la tête du cheval, pour l'examiner de biais*. L'acheteur juge alors de la rondeur ou de la déclivité des côtés, si les pointes d'épaules sont suffisamment accusées et écartées, si le sternum est rentré ou proéminent, si les coudes ne rentrent pas sous une poitrine dont l'étroitesse peut aussi s'accuser par une dépression des côtes sternales. De ce même point il jugera mieux aussi du plus ou moins d'étendue du flanc, de la puissance des muscles du bras, de l'épaule, de la largeur du rein, et un dernier coup d'œil sur les membres lui indiquera le plus ou moins de netteté des jarrets et la gravité des tares qu'ils peuvent présenter à leur face interne. C'est ainsi que de pied ferme et promptement la puissance et les moyens d'un cheval doivent être devinés par l'acheteur, et qu'on distingue entre deux chevaux, ayant la même apparence de distinction ou de volume, celui qui vaut 1,500 fr. ou celui qui ne vaut que 100 écus. »

§ 8.

QUALITÉS A RECHERCHER CHEZ LE CHEVAL.

Il ressort de cet examen détaillé qu'il faut rechercher le cheval :

Long d'encolure, d'épaule, de bras, d'avant-bras, de croupe et de cuisse ;

Court de dos, de rein et de canon ;

Large de front, de poitrine, de rein, de croupe, de genou, de canon, de boulet et de jarret.

On dit alors que le cheval a *de belles lignes, de la distinction, de la lame*, qu'il est *bien soudé.*

Il est facile de se rendre compte que de deux chevaux ayant même taille et même longueur, l'un, remplissant les conditions que nous venons d'énoncer, peut être remarquablement bon, tandis que l'autre, ayant les proportions opposées, est forcément mauvais.

M. Richard, du Cantal, fait ressortir très-clairement cette simple question de mécanique, en comparant le dos et le rein au tablier d'un pont suspendu, dont les épaules et la croupe seraient les culées.

On doit en conclure qu'il n'y a pas de proportions absolues.

§ 9.

SYSTÈME DES COMPENSATIONS.

Comme les animaux parfaits sont excessivement rares, il faut savoir faire la part des choses et admettre des compensations, car il arrive souvent qu'une qualité ou même un défaut compense un autre défaut; ainsi :

Un garrot sorti, se prolongeant bien en arrière, une épaule bien musclée et longue font pardonner une encolure un peu courte, mais bien placée.

Une croupe avalée vient au secours d'un rein long; tandis qu'une croupe horizontale ne fait qu'augmenter la faiblesse de celui-ci.

Un rein court, une croupe puissante et de bons jarrets rachètent, entre les mains d'un bon cavalier, des aplombs antérieurs défectueux originairement ou par fatigue.

Par contre, un dos mou et des jarrets très-coudés donnent de belles allures en main, *font une belle montre*, tandis que le cheval ainsi conformé ne marche plus dès qu'il porte le moindre poids, etc.

CHAPITRE III

CHEVAL VU EN MAIN, A BOUT DE LONGE, AU PAS ET AU TROT

L'examen du cheval terminé de pied ferme, on le voit conduit à *bout de longe*, d'abord *au pas*, puis *au trot*.

On fait marcher le cheval *au pas* une vingtaine de mètres, ayant soin de se placer toujours de manière à être dans le même plan que lui, afin d'examiner le jeu des membres, principalement des postérieurs, se rappelant les tares qu'on a pu remarquer à chacun d'eux et cherchant leur effet produit.

Le moment où l'animal fait demi-tour est le plus favorable pour saisir s'il souffre d'un membre qui, alors, fléchit sous le poids du corps.

Si le cheval se traverse ou s'il précipite le mouvement en portant l'arrière-main de côté tout d'un coup, il faut se méfier du rein et des jarrets.

Dès que l'on croit apercevoir le plus petit mouvement saccadé dans un des jarrets ou dans les deux, on doit, lorsque le cheval est revenu au point de départ, le faire tourner très-court sur le derrière, à droite et à gauche, à bout de longe, afin de s'assurer si ce mouvement existe; dans ce cas on dit que le cheval *harpe*, a *des éparvins secs*, ce qui n'empêche pas un bon service, mais est une cause de dépréciation, surtout lorsque la saccade est exagérée.

Au retour, on voit :

Si chaque membre antérieur fléchit dans un plan vertical,

Ou si, décrivant un cercle en dedans ou en dehors, il *billarde ou fauche*, en un mot, *abat la rosée, bataille, patauge*, ce qui, occasionnant une perte de temps, fatigue aux allures vives et prédispose l'animal à se couper ;

Si le cheval *rase le tapis*, ce qui le rend sujet à tomber,

Ou si, marquant le soutien du membre, il a une allure cadencée et assurée.

Le cheval *est en ligne* lorsque, vu de derrière, les membres postérieurs couvrent les antérieurs, et, vu par devant, les antérieurs couvrent les postérieurs.

On voit ensuite le cheval *au trot*, dont quelques battues doivent suffire souvent à un œil exercé pour juger l'animal.

Il est très-important d'agir ainsi, parce que les trotteurs des marchands, quoi qu'on fasse, et souvent même parce qu'on le leur recommande, ne marchent jamais droit. Il faut donc saisir au vol, pour ainsi dire, ce que peut le cheval, et ne pas s'en rapporter aux sauts désordonnés qu'on veut faire passer pour de la vigueur et qui souvent sont provoqués pour dissimuler une boiterie.

Lorsqu'au départ la croupe s'abaisse, lorsque les muscles des cuisses et les mollets semblent se dilater, lorsque les jarrets se plient légèrement, c'est-à-dire lorsque le cheval s'asseoit sur ses jarrets pour les détendre ensuite vigoureusement, l'arrière-main a une grande puissance, surtout si en même temps le cheval se grandit du devant, entame franchement son allure et l'accélère progressivement.

Lorsqu'au contraire les jarrets sont raides, lorsque les

membres se portent tout d'une pièce en dehors et se traînent, lorsque le cheval, faisant soutenir sa tête par le trotteur, remorque son arrière-main avec son avant-main, il *manque de chasse* et ne peut jamais avoir d'allures.

Les jarrets *flageolant, vacillant,* soit par suite de l'étroitesse des hanches, soit par suite d'une cuisse trop plate, n'ont pas non plus de force de projection.

Lorsque le cheval saute d'un membre sur l'autre, principalement du derrière, on dit qu'il *saute en pie*.

S'il jette les membres en dehors, on dit qu'il *écarte*.

Si au contraire les extrémités sont rapprochées dans la marche, on le dit *serré du bas ou des extrémités*.

Au retour on voit :

Si les épaules sont *froides, chevillées,* peu libres, ce qui fait souvent que le cheval *roule*, se *berce du devant* (avec une épaule bien conformée, ces défectuosités sont généralement dues à la douleur causée à l'animal par des pieds *encastelés*, quand le talon pose à terre);

Si le cheval a de grands mouvements;

Où s'il *répète*, fait de la *petite musique*;

Si, trottant sur place, il relève beaucoup, *trousse*, selon l'expression reçue, parce qu'il a le genou haut, comme les hollandais;

Ou si, ayant le canon court, il doit la hauteur de ses allures à la beauté de ses rayons supérieurs; en un mot, s'il *steppe*, c'est-à-dire trotte beau en gagnant du terrain en avant.

Il est bon aussi de faire passer l'animal devant soi, afin de *l'examiner de profil*. On juge alors plus facilement de l'harmonie des mouvements de l'avant et de l'arrière-main, et de la façon dont se posent les pieds postérieurs par rapport aux antérieurs.

On voit si le cheval est disposé à *forger,* c'est-à-dire à frapper son fer antérieur avec le postérieur du même côté.

On termine en faisant reculer le cheval, afin de s'assurer qu'il n'est pas *immobile,* vice rédhibitoire des plus dangereux.

Le cheval immobile ne recule pas ou traîne son derrière en reculant.

CHAPITRE IV

CHEVAL VU MONTÉ AU PAS, AU TROT ET AU GALOP

—

On examine ensuite le cheval *monté,* observant la façon dont il supporte le cavalier ;

S'il ne vousse pas le rein en baissant la tête et la queue, s'il *ne fait pas gros dos,* comme on le dit;

Ou s'il ne fléchit pas brusquement au moment ou celui-ci s'assied, ce qui indique de la faiblesse et a toujours lieu chez les animaux affectés *de la maladie des chiens,* qui les rend impropres à tout service;

Si le cavalier, à sa place, ne laisse pas derrière lui un rein aussi long que celui du fameux Bayard des quatre fils Aymon.

S'il *a quelque chose devant lui,* c'est-à-dire si le garrot et l'encolure se détachent bien.

On fait marcher le cheval *au pas, au trot,* et même *au galop.*

Lorsque près de là se trouve une montée que l'animal enlève facilement au grand trot, pour la descendre ensuite franchement au galop, il ne faut jamais hésiter à l'acheter et à le bien payer; on est sûr qu'il est bon, si toutefois encore il a *de l'âme, du fond,* ce dont on ne peut juger qu'à l'user.

Lorsqu'on a vu ainsi le cheval à toutes les allures, on examine son flanc de nouveau, afin de juger de l'état des organes respiratoires. « Si la respiration est bonne, dit M. Vallon, les mouvements du flanc diminuent insensiblement, et après quelques minutes ils reviennent à leur rhythme normal ; si le cheval est atteint de pousse, la respiration présente le soubresaut qui en est le signe caractéristique. »

CHAPITRE V

BOITERIES

La question des boiteries est très-compliquée; si, avec de la pratique, on arrive vite à reconnaître qu'un cheval boite, par le seul bruit des battues sur le pavé, souvent on n'y voit que du feu lorsqu'il s'agit de déterminer le siége de la boiterie et sa cause.

Les neuf dixièmes des boiteries venant du pied, nous engageons à se rappeler ce dicton : « *Si votre cheval boite de l'épaule, regardez dans le pied.* »

On dit qu'un cheval est *droit* pour exprimer qu'il ne boite pas.

L'animal cherchant à soulager le membre malade se porte sur le membre opposé c'est ce qu'on exprime en disant que *s'il tombe à gauche, il boite à droite,* et réciproquement. L'oreille du côté du membre souffrant est alors plus élevée si la boiterie a lieu antérieurement, ce qui fait dire que le cheval *boite de l'oreille.*

Lorsque la boiterie n'est pas bien caractérisée, il arrive souvent qu'un cheval boitant d'un membre semble boiter du membre qui forme avec lui le bipède diagonal.

Afin de bien faire comprendre et d'exposer clairement, avec

assez de brièveté, le mécanisme des boiteries, nous ne croyons pouvoir mieux faire que de copier textuellement M. Lemichel (1) :

« Un grand nombre de causes, et disons-le tout de suite, parfois bien obscures, viennent troubler la régularité des allures; il y a alors boiterie. Quelquefois les boiteries résultent d'un obstacle mécanique au mouvement d'un membre : telle est la conséquence d'un déplacement de la hanche; mais presque toujours elles reconnaissent pour cause une douleur que l'animal cherche instinctivement à éviter ou à diminuer autant que possible.

« Le cheval est très-exposé aux boiteries, surtout du pied, par suite de la ferrure que nous lui pratiquons. Ses articulations, qui supportent tant d'efforts dans les travaux pénibles, deviennent aussi souvent douloureuses, soit par l'inflammation des poches synoviales, soit par le tiraillement des ligaments. Si nous ajoutons à toutes ces sortes de boiteries les exostoses, les efforts de tendons, les fractures, les luxations, les plaies et les prédispositions même transmises par les juments tarées que l'on emploie à la reproduction, nous serons surpris de n'en pas voir davantage.

« On distingue trois degrés de boiterie, selon son intensité :

1° Le cheval *feint*, quand l'irrégularité de la progression est légère;

2° Il *boite*, quand elle est évidente;

3° Il *boite bas*, quand le membre malade pose péniblement sur le sol.

« Une boiterie légère est très-difficile à constater. Nous serons souvent surpris de voir à ce sujet de longues discussions sans résultat entre des hommes compétents. Quelquefois aussi

(1) *Leçons d'hippologie*, par Eug. LEMICHEL, vétérinaire en premier, professeur à l'Ecole militaire de Saint-Cyr. 1860, 1 vol. in-4°, lithographié.

nous reconnaîtrons qu'elle existe sans pouvoir déterminer à quel membre. Il faut, pour bien établir son diagnostic, une attention soutenue jointe à une grande expérience.

« Chez le cheval boiteux, tous les membres ne participent pas également à la locomotion. Celui qui est malade pose sur le sol moins que les autres, pour se soustraire plus longtemps au travail qui augmente son mal. Le pas n'a plus lieu en quatre battues aussi fortes, séparées par des temps égaux. Sur un terrain ferme, l'oreille exercée saisit assez distinctement la battue différente de l'extrémité douloureuse. Dans le trot, cette inégalité devient encore plus marquée.

« Si la claudication a son siége antérieurement au moment où le membre malade pose à terre, le cheval relève la tète pour le soulager. Il la baisse au contraire dans le même but quand c'est d'une extrémité postérieure qu'il boite. Ces symptômes laissent souvent des doutes sur le membre affecté. Il faut alors comparer attentivement le jeu alternatif des pointes des épaules pour une boiterie antérieure et des hanches pour une boiterie postérieure. La pointe de l'épaule ou la hanche du côté boiteux s'élève d'abord sous l'impression de la souffrance qu'occasionne la réaction du sol, puis s'abaisse pour se soustraire à la tension douloureuse qui succède au poser, soit dans l'arrière-main pour chasser le corps, soit dans l'avant-main pour l'étayer. C'est ce double mouvement : 1° ascensionnel, 2° d'abaissement, dont les phases varient d'intensité selon le degré de la boiterie et les allures qui a été méconnu jusqu'à ce jour. Tous les auteurs que nous avons consultés se divisent en deux camps opposés. Les uns prétendent qu'il y a élévation, les autres abaissement. Les uns et les autres ont raison ; ils sont seulement trop exclusifs, comme nous venons de le démontrer.

« Quand la marche fait soupçonner une boiterie, on doit étudier longtemps le cheval en station libre. Naturellement il cherche à soulager le membre qui souffre, en ne le faisant pas participer autant que les autres au soutien du corps. Quand c'est un membre antérieur, il le place en avant, et dans le langage militaire on dit *qu'il fait des armes ou montre le chemin de saint Jacques*. Si on le fait appuyer rapidement dans sa stalle à droite ou à gauche, on remarque aussi que le lever de l'extrémité malade est plus précipité.

« N'oublions aucune de ces précautions quand nous achetons un cheval. Le vice que nous étudions est sans contredit celui qui en diminue le plus la valeur; il est aussi malheureusement le plus fréquent, le plus insidieux de tous.

« Outre les boiteries qui durent sans interruption, autant que la cause qui les produit, on en distingue d'autres dites intermittentes à froid ou à chaud. Dans les premières, l'irrégularité des mouvements se montre dès la sortie de l'écurie pour disparaître peu à peu pendant l'exercice. Dans les secondes, c'est l'opposé; l'animal, très-droit d'abord, boite après avoir travaillé quelque temps.

« L'examen d'une boiterie doit être fait avec un soin scrupuleux pour en découvrir la cause. Quelquefois une tumeur ou une blessure se montre de suite à l'observateur. Néanmoins, ne perdons pas de vue que ces affections proviennent du pied en si grand nombre, qu'il faut toujours quand même le faire déferrer pour le sonder dans toutes ses parties. Un moyen préalable assez bon consiste à faire passer le cheval franchement au trot de la terre sur le pavé, lequel devient la pierre de touche, qui révèle par son choc plus douloureux si le mal est dans le pied. Car dans ce cas la dureté du pavé augmente beaucoup l'intensité de la boiterie, et influe peu sur celle qui provient des régions supérieures. Par contre-épreuve, on peut encore conduire l'animal boiteux sur du fumier ou de la terre meuble. Si la claudication vient du pied, elle diminue, tandis que les articulations et les muscles sont contraints à de grandes flexions qui exagèrent leur souffrance.

« Pour préciser le pied malade, après s'être bien assuré que la boiterie ne vient pas du pied, qui neuf fois sur dix en est le siége, antérieurement surtout, il faut presser successivement entre les doigts toutes les régions du membre, et les comparer avec celles du membre correspondant.

« Terminons en avouant que quoi qu'on fasse, il est beaucoup de boiteries inexplicables, qui mettent en défaut la pratique la plus habile. »

CHAPITRE VI

VICES RÉDHIBITOIRES. — GARANTIE CONVENTIONNELLE

Pour les vices rédhibitoires se reporter à la loi du 20 mai 1838, qui est à la veille d'être modifiée de la manière suivante :

Suppression de la pousse et de la fluxion périodique. Admission de la rétivité et de la méchanceté, comme se trouvant impliquées dans l'article 1382 du Code, qui rend responsable du dommage qu'il cause tout homme qui l'a causé; article qui a été la base de la loi.

Les délais seront probablement tous réduits à neuf jours.

Dès que l'on soupçonne l'existence d'un vice rédhibitoire, on doit recourir immédiatement à un vétérinaire, qui peut seul juger en pareil cas.

MODÈLE DE GARANTIE CONVENTIONNELLE.

Je soussigné (*nom, prénom, qualité et résidence du vendeur*), déclare garantir sans préjudice des autres cas rédhibitoires, le cheval vendu aujourd'hui au Dépôt de Remonte de
sous le n° matricule (*signalement*) de toutes boiteries (*ou autre défaut*) et accorde un délai d'un mois à l'effet de cette garantie spéciale.

A (*nom du lieu d'achat*), le 187 .

(*Signature du vendeur*).

CHAPITRE VII

QUELQUES RÉFLEXIONS SUR L'EMPLOI DU CHEVAL ET LES SOINS QU'IL EXIGE

SOMMAIRE. — Ce qui fait le bon cheval de service. — Influence pernicieuse de la déclivité du sol des écuries sur le repos et la conservation du cheval. — Les courants d'air doivent être évités. — La nourriture doit être proportionnée au travail, le cheval trop gras succombe souvent. — Le cheval doit avoir digéré avant de courir. — Comment on va vite et loin. — Comment il faut donner la ration, surtout aux chevaux *vidarts*. — Soins à donner à un cheval à la suite d'une course. — Comment on empêche certains chevaux de se coucher, soit à la selle, soit dans les brancards. — Comment on doit sangler un cheval à garrot bas, avec une selle anglaise. — Le meilleur tapis de selle. — Bons effets de l'emploi de la gutta-percha pour la ferrure dans certains cas.

Tout le monde sait que l'air pur, des aliments sains, donnés dans des proportions raisonnables, un travail suivi, tenant toujours le cheval en haleine, mais ne dépassant pas les forces, font le véritable cheval de service.

Ce qu'on ignore trop généralement, c'est l'influence pernicieuse d'un pavé *déclive* sur lequel le cheval, *cramponné* en permanence, se fatigue au lieu de se reposer et s'use en pure perte. Nous ne saurions donc trop recommander le *sol horizontal* pour les écuries (1).

Les écuries doivent être aérées le plus possible, mais il ne

(1) *Manuel hippique*, sommaire de l'éleveur cultivateur, par Paul BASSERIE, lieutenant-colonel de cavalerie (chapitre II, page 31, 2e édition), et *Traité de la ferrure des chevaux*, par GEUDEVILLE, capitaine au 6e cuirassiers, page 111.

faut pas oublier que les *courants d'air, sous le ventre surtout*, sont très-pernicieux, occasionnent souvent des maladies graves et même la mort. *Toutes les ouvertures sans exception doivent donc être supprimées du côté du râtelier, au plafond comme au mur*; il faut en pratiquer de longitudinales, dans le mur opposé, du côté de la porte, le plus haut possible; de cette façon, le courant qui s'établit de la porte aux ouvertures ne passe jamais sur les chevaux. Il est bon aussi de faire ces *ouvertures au sud ou à l'est*, et de disposer les bâtiments en conséquence (1).

En garnison nous avons vu plusieurs fois, dans la mauvaise saison, des chevaux d'officiers, ayant très-bien supporté un travail de tous les jours, succomber au manque de travail et à l'excès de nourriture que les ordonnances leur donnaient, malgré les recommandations qui leur étaient faites, voulant avant tout avoir des chevaux *bien gras*.

Il faut se convaincre de ce précepte des Arabes : *les plus grands ennemis du cheval de guerre sont le repos et la graisse*. On doit proportionner la ration au travail et se rappeler que le cheval trop gras est incapable de faire une course un peu vite, tandis que le cheval *en chair* est toujours prêt.

La ration réglementaire, à peine suffisante pour le cheval qui travaille beaucoup, l'est amplement pour l'animal qui n'est que promené l'hiver.

L'homme qui soigne le cheval, mais qui ne paye pas de ses deniers les denrées qu'il lui donne, se figure toujours que plus il en use, plus il en gaspille, mieux l'animal est soigné ; en agissant ainsi, il fait doublement tort à la bourse de son maître ou à celle de l'État, s'il est militaire.

Les chevaux d'officiers sans troupe ou d'infanterie, qui sont isolés en ville, pourraient souvent se plaindre de l'excès contraire, car tous ne mangent pas toujours la ration touchée pour

(1) *Manuel hippique*, page 50 et suivantes.

eux, les hommes chargés de les soigner en disposant parfois autrement.

Dans tous les cas l'officier ou le propriétaire de chevaux *doit surveiller de très-près la façon dont ceux-ci sont nourris et soignés*, s'il tient à pouvoir en user à chaque instant et dans de bonnes conditions.

Bien des chevaux succombent aussi parce qu'on les fait *marcher aux allures vives, immédiatement après avoir mangé*; l'estomac plein comprime le diaphragme qui, pressé en même temps par les poumons gorgés d'air, se rompt.

Le cheval destiné à courir doit manger peu avant le départ et arriver au bout de la course, fût-elle longue, sans manger, à moins qu'on ne lui laisse le temps de digérer, c'est-à-dire deux ou trois heures, et qu'on ne se remette en route doucement.

Bon nombre de gens se figurent, à tort, que le cheval ne peut faire trois lieues sans manger *un picotin*, et ne se doutent pas qu'en agissant ainsi ils lui font plus de mal que de bien.

Qu'ils se demandent simplement s'ils aiment à courir après un bon dîner, et la cause du cheval sera gagnée.

Partir doucement, l'estomac peu chargé, marcher ensuite progressivement bon train jusqu'à moitié route, ralentir alors pour repartir à une bonne allure et arriver doucement, monter les côtes au pas et les descendre de même si elles sont rapides : tel est le moyen d'*aller vite et loin.*

Il faut se rappeler que *le cheval marche avec la nourriture de la veille, et non avec celle du jour*. Les Arabes disent que l'*orge du matin va au fumier et celle du soir à la croupe.* Ceci est vrai pour tous les chevaux, mais surtout pour ceux qui sont *vidarts*. En leur donnant les deux tiers de la ration le soir, un sixième le matin et un sixième à midi; en rationnant leur boisson de façon qu'ils ne boivent que douze à quinze litres d'eau par jour, on les maintient en bon état et vigoureux.

Un cavalier qui aime son cheval ne doit jamais le quitter, après une course un peu longue surtout, avant de l'avoir vu uriner et se rouler, si l'animal a l'habitude de le faire; il lui fait ensuite curer les pieds et laver les jambes jusqu'aux genoux et aux jarrets, *jamais au dessus*, ayant soin de le bien couvrir. Un bon bouchonnage, un peu de foin légèrement mouillé, le reposent et lui permettent d'attendre sa ration et sa boisson qu'on ne doit lui donner que lorsqu'il a bien soufflé, ayant soin de couper l'eau, c'est-à-dire de ne laisser prendre que quelques gorgées à la fois. Lorsque l'eau est trop *crue*, trop froide, il est bon de jeter dessus une poignée de farine d'orge ou de son.

Certains chevaux se *couchent* à la selle ou dans les brancards. Un vieux piqueur d'attelage, qui s'est occupé de chevaux toute sa vie, nous apprit un jour, après bien des périphrases, le moyen de vaincre cette défense. Nous serons plus bref que lui et dirons simplement ce qu'il appelait son secret. Il suffit de *boucher les naseaux du cheval* pendant qu'il est à terre; l'animal, ne pouvant plus respirer, se relève brusquement pour éviter l'asphyxie en dilatant sa poitrine. Après deux ou trois leçons au plus de ce genre, il ne recommence jamais.

Lorsqu'un cheval a l'épaule creuse et le garrot bas, on peut, en le sanglant de la manière suivante, empêcher la selle anglaise de se porter trop en avant :

Il suffit de fixer du côté hors montoir les deux sangles aux contre-sanglons qui sont en avant, laissant celui de derrière libre en cas de besoin, de telle sorte que la boucle de la sangle la plus près de l'encolure soit au premier trou du contre-sanglon, le plus bas possible, tandis que la boucle de la seconde sangle se place le plus haut possible. On croise ensuite les sangles sous la poitrine, de façon que la sangle qui est fixée du côté hors montoir, au second contre-sanglon et haut, vienne s'attacher du côté montoir au premier contre-sanglon et bas, pendant que la sangle fixée du côté hors montoir au premier contre-sanglon et bas vient au second du côté montoir et haut.

Par ce moyen, la selle piquée sur le devant reste en place et l'on évite le frottement d'une boucle qui, placée sous le genou, pourrait blesser.

Lorsqu'au contraire on sangle sur le dernier contre-sanglon ; la selle, faisant bascule en arrière, se lève du devant et coule sur le garrot.

Le meilleur tapis de selle est une peau de chevreuil, dont on met le poil sur le dos du cheval ; les chasseurs à courre en usent beaucoup et s'en trouvent très-bien.

S'il faut se méfier des soles en gutta-percha, lorsqu'on achète un cheval, il est bon de savoir en user lorsque le besoin s'en fait sentir. Nous ne pouvons en donner une meilleure preuve qu'en racontant ce qui nous est arrivé à nous-même :

Après une course très-longue et très-pénible, il nous fallut profiter d'un moment d'arrêt pour faire ferrer notre cheval. Dans sa précipitation, le maréchal lui brûla les deux soles antérieures, et le malheureux *Rabougri*, c'est ainsi qu'on le nommait, ne pouvait plus mettre un pied devant l'autre. Nous étions désespéré ; c'était le seul bon cheval que nous eussions, et cela devant l'ennemi. Heureusement le vétérinaire, M. Guy, auquel nous serons toujours reconnaissant, eut l'idée de faire couler sur la sole une couche de *gutta-percha* et de ferrer par dessus. A peine les clous furent-ils fixés que nous repartîmes, notre brave cheval plus beau et plus vigoureux que jamais.

Ceci se passait le 14 août 1870, pendant la bataille de Borny; nous avons pu assister, avec le même cheval, aux journées de Gravelotte et de Saint-Privat, où il n'a pas été ménagé.

La pauvre bête est morte un mois plus tard, près de Plappeville, dans un fossé où elle s'est cassé, en voulant en sortir, une vertèbre cervicale; nous l'avons pleurée, mangée avec les cavaliers de notre escadron..... et jamais remplacée.

TABLE

Avant-propos. 5
Chapitre I. — Cheval vu à l'écurie 11
Chapitre II. — Cheval vu en main de pied ferme. 15
§ 1. Cheval vu de profil du côté montoir. 15
§ 2. Cheval vu de biais du côté montoir en arrière. 28
§ 1 *bis*. Cheval vu de profil du côté montoir . . . 30
§ 2 *bis*. Cheval vu de biais du côté montoir en avant. 31
§ 3. Cheval vu par derrière. 32
§ 4 et 5. Cheval vu de biais du côté hors montoir en avant et en arrière ; de profil du côté hors montoir 35
§ 6. Cheval vu de face 35
§ 7. Cheval vu de biais en arrière, à droite et à gauche. 37
§ 8. Qualités à rechercher chez le cheval. 38
§ 9. Système des compensations 38
Chapitre III. — Cheval vu en main à bout de longe au pas et au trot. 41
Chapitre IV. — Cheval vu monté, au pas, au trot et au galop. 45
Chapitre V. — Boiteries 47
Chapitre VI. — Vices rédhibitoires ; garantie conventionnelle . 53
Chapitre VII.— Quelques réflexions sur l'emploi du cheval et les soins qu'il exige 55

ENTRETIENS MILITAIRES

L'ARMÉE PRUSSIENNE, par M. LAHAUSSOIS, sous-intendant militaire. — Brochure in-12. . . . . 60 c.

HYGIÈNE MILITAIRE, par le docteur Jules ARNOULD, médecin-major de 1re classe. — Brochure in-12. . . . . 60 c.

DES TIRAILLEURS, DE LEUR INSTRUCTION, DE LEUR EMPLOI, par M. HERBINGER, capitaine adjudant-major au 101e régiment de ligne. — Brochure in-12 . . . . 60 c.

PRINCIPES RATIONNELS DE LA MARCHE DES IMPEDIMENTA DANS LES GRANDES ARMÉES, par M. Anatole BARATIER, sous-intendant militaire. — Brochure in-12. 1 fr.

DE L'ADMINISTRATION MILITAIRE, par M. LEWAL, colonel d'état-major. — Brochure in-12 . . . . 1 fr.

DE L'ADMINISTRATION MILITAIRE ET DU FONCTIONNEMENT DES SERVICES ADMINISTRATIFS. — Réponse à M. le colonel Lewal, par M. Anatole BARATIER, sous-intendant militaire. — Brochure in-12. . . 1 fr.

DE L'AÉROSTATION MILITAIRE, par M. DELAMBRE, capitaine du génie. — Brochure in-12. 75 c.

DE LA PHOTOGRAPHIE et de ses applications aux besoins de l'armée, par M. DUMAS, capitaine d'état-major, chef du service photographique au ministère de la guerre. — Brochure in-12 . . . . 75 c.

CRÉATION DE MANUTENTIONS ROULANTES pour les quartiers généraux et les divisions en campagne par M. BARATIER, sous-intendant militaire. — Brochure in-12. . . . . 1 fr.

Du service des états-majors, par M. Derrécagaix, capitaine d'état-major. — Brochure in-12. . . . . 75 c.

Des compagnies de partisans, formation d'une compagnie de partisans dans chaque régiment de ligne, par M. Girard, capitaine au 91e régiment de ligne. — Brochure in-12 . . . . 75 c.

Des soutiens d'artillerie, par M. Herbinger, capitaine adjudant-major au 101e régiment de ligne. — Brochure in-12 . . . 75 c.

Du matériel et de la tactique de l'artillerie de campagne, à propos des manœuvres d'automne de l'armée anglaise en 1872, par M. de Grandry, chef d'escadron d'artillerie. — Brochure in-12 . . 50 c.

Les nouvelles bouches a feu de la marine française, par M. Sebert, capit. d'artillerie de marine. — Broch. in-12 avec planche. 1 fr. 50 c.

De la tactique de combat et de l'emploi des tirailleurs, par M. Sacreste, lieutenant au 90e rég. de ligne. — Brochure in-12. 75 c.

Des spécialités dans l'infanterie, par M. Issalène, capitaine au 67e régiment de ligne.— Brochure in-12 . . . . 1 fr.

Étude sur la convention de Genève, considérée dans ses principes et son application, par le docteur Jules Arnould, médecin-major de 1re classe. — Brochure in-12. . . . . 1 fr. 50 c.

La Cochinchine française, par M. Bovet, lieutenant-colonel du génie. — Brochure in-12 avec carte. . . . . 1 fr. 25 c.

De l'alcool considéré comme source de force et du parti que l'on peut en tirer dans la pratique de la guerre, par le docteur Jules Arnould, médecin-major de 1re classe. — Brochure in-12. 75 c.

Sur le rôle des places françaises de l'est pendant la dernière invasion, par M. Ed. Thiers, capitaine du génie. — Brochure in-12 avec carte . . . . 1 fr. 50 c.

Evreux, A. Hérissey, imp. — 1273.

www.ingramcontent.com/pod-product-compliance
Ingram Content Group UK Ltd.
Pitfield, Milton Keynes, MK11 3LW, UK
UKHW021145230726
13926UKWH00002B/944